ALPHABET

DES

ARTS ET MÉTIERS,

OUVRAGE

OU LES ENFANS PEUVENT, EN APPRENANT A LIRE,
PUISER QUELQUES IDÉES DES ARTS LES
PLUS UTILES A LA SOCIÉTÉ ;

SUIVI D'UN

TRAITÉ D'ARITHMÉTIQUE ;

Orné de 25 figures et de 2 titres gravés.

LIMOGSES,

BARBOU FRÈRES, IMP.-LIBRAIRES.

ALPHABET

des

ARTS ET MÉTIERS

Orné de 27 Gravures

1840

1846

(888)

a	b
c	d
e	f

g	h
i j	k
l	m

n	o
p	q
r	s

t	u
v	x
y	z

A B C D E

F G H I J K

L M N O P Q

R S T U V X

Y Z Æ Œ W

Ç É È Ê - ' . : , ;

✝ *a* *b* *c* *d*

e *f* *g* *h* *i* *j*

k *l* *m* *n* *o*

p *q* *r* *s* *t*

u *v* *v* *x* *y*

z *æ* *œ* *w* *ç*

é *è* *ê* *fi* *fl*

ë *ï* *ü* *?* *!*

 *A B C D*

E F G H I

I K L M N

O P Q R S

T U V X Y

Z Æ OE W

Ç É È É.

SYLLABES.

a e i *ou* y o u

ba be bi bo bu

ca ce ci co cu

da de di do du

fa fe fi fo fu

ga ge gi go gu

ha he hi ho hu

ja je ji jo ju

ka ke ki ko ku

la le li lo lu

ma me mi mo mu

na ne ni no nu

pa pe pi po pu

qua que qui quo qu

ra re ri ro ru

sa se si so su

ta te ti to tu

va ve vi vo vu

xa xe xi xo xu

za ze zi zo zu

MOTS A ÉPELER.

Pa pa.	Gâ teau.
Ma man.	Pain.
A mi.	Couteau.
Cousin.	Fourneau
Pom me.	Poi re.
Chat.	Sou ris.
Chi en.	La pin.
Rat.	Bla ser.
Bal lon	Bre bis.
Bou le.	Cli mat.

Cher cher.

Cro quet.

Dra gon.

Flam me.

Gre lot.

Mai son.

Mon ta gne.

Re çu.

Thé.

Trom per.

Phi lo so phe.

LETTRES ACCENTUÉES.

é   (aigu),

à è ì ò ù (graves).

â ê î ô û (circonflexes)

ë ï ü   (tréma).

———

Pâ té.

Mè re.

Pâ tre.

Mê me.

Maî tre.

A pô tre.

Hé ro ï ne.

LETTRES DOUBLES
ET LIÉES ENSEMBLE.

æ   œ   fi   ffi

w   ff   fl   ffl

æ   œ   fi   ffi

w   ff   fl   ffl

OEil.   OEuf.

Bœuf.   Figure.

Office.   Soufle.

Affaire.   Wisk.

Affluer   Wiski.

In di gna ti on.

Pa ti en ce.

In di vi si bi li té.

Or phe lin.

I ne xo ra ble.

Scor pi on.

Zo di a que.

Pa trouil le.

Ci trouil le.

Bouil li.

Vo lail le.

Ail.

Co quil la ge.

Li ma çon.

Cuir.

É pi lep sie.

Fau teuil.

Feuil le.

Ex cel lent.

Phra se.

Prin temps.

PHRASES A ÉPELER.

J'ai me pa pa.

Je se rai bi en
sa ge, et l'on m'ai-
me ra bi en.

J'i rai me pro-
me ner tan tôt, si
le temps est beau.

Quand j'au rai
bien lu ma le çon,

on me don ne ra
des dra gées.

Les cou teaux
cou pent; les épin-
gles pi quent; le
feu brû le ; les
chats égra tignent.

Voi ci un che-
val; il a qua tre
jam bes; les oi-
seaux n'ont que

deux jam bes; mais ils ont deux ai les, ils vo lent.

Les pois sons ne vo lent pas; ils na gent dans l'eau; les pois sons ne pour raient pas vi vre dans l'air.

Le vez la tê te,

vous ver rez lui re
le so leil.

C'est Di eu qui
a fait le so leil :
Di eu a fait tout
ce que nous vo-
yons; il est le maî-
tre de tout; il sait
tout.

Pour plai re à Di eu, un
en fant doit o bé ir à ses pa

rens ; et s'ap pli quer à bi en
li re.

Il faut que cha cun tra-
vail le : ce lui qui ne tra vail le
pas, ne mérite pas de manger.

Le pain se fait a vec de la
fa ri ne ; la fa ri ne se fait a-
vec du blé.

Pour a voir du blé, il faut
le se mer ; a vant de se mer,
il faut la bou rer ; la ter re
est dif fi ci le à la bou rer.

Le blé pous se des ra ci-
nes ; les ra ci nes por tent
une ti ge ; cet te ti ge pro-
duit un é pi ; cet é pi ren-
fer me des grains de blé.

Nos che mi ses sont de toi le;
la toi le se fait a vec du fil; le
fil se fait a vec du chan vre,
on sè me la grai ne qui pro duit
le chan vre.

Nos ha bits sont or di nai-
re ment de lai ne; la lai ne
croît sur les mou tons; on la
fi le.

On ne tond les mou tons
qu'u ne fois dans l'an née;
u ne an née est com po sée
de douze mois; dans un mois
il y a tren te jours, et dans
le jour il y a vingt qua tre
heu res.

Quand on est jeu ne, u ne
an née pa raît bien lon gue.

Ne vous met tez pas en co-
lè re.

L'en fant doux se fait ai mer.

DIFFÉRENS CRIS

DES ANIMAUX.

Le chi en a boie.
Le co chon gro gne.
Le che val hen nit.
Le tau reau beu gle.
L'â ne braît.
Le chat mi au le.
L'a gneau bê le.
Le li on ru git.
Le loup hur le.
Le re nard gla pit.
Le moi neau pé pie.
Le cor beau cro as se.
La tour te rel le gé mit.
Le pi geon rou cou le.

Le ros si gnol ra ma ge.

Le coq chan te.

La pou le glous se.

La pie ba bil le.

Le ser pent sif fle.

L'hom me par le.

FABLE A ÉPELER.

LA POULE ET LE COQ.

U ne pou le di sait à un jeu ne coq son fils qui s'é tait perché sur le bord d'un puits : Mon fils, c'est là qu'un de vos frè res a per du la vie en es-sayant de vo ler dans cet en-droit fa tal. Crai gnez que vo-tre té mé ri té ne vous at ti re le mê me sort. Le coq lui pro-

mit d'ê tre sa ge; mais à pei-
ne sa mè re l'eût-el le per du
de vue, qu'il vo la sur le bord
du puits. Il se bais se, voit son
i ma ge, et cel le du grain
qu'il te nait à son bec. Oh !
dit-il, c'est un coq qui sans
dou te se nour rit de grains
ca chés dans ce li eu qu'on dit
si fu nes te; vo yons si je ne
pour rais a voir ma por ti on
de ce bu tin. A l'ins tant il
s'é lan ce au fond du puits;
mais au li eu du grain qu'il
cher chait, il n'y trou va que
la mort, qu'il eut é vi tée, s'il
eût sui vi les sa ges con seils
de sa pru den te mè re.

Armurier

Boulanger

Chapelier.

Distillateur.

Ebéniste.

Forgeron.

HISTOIRE

DES ARTS ET MÉTIERS

REPRÉSENTÉS DANS CE LIVRET.

A. Armurier.

C'ÉTAIT celui qui faisait autrefois les armes défensives dont les gens de guerre se couvraient, comme le casque, la cuirasse, la cotte de mailles, les brassarts, les gantelets et les autres pièces de l'armure. Sous Philippe-Auguste les chevaliers réussirent à se rendre presque invulnérables en imaginant de joindre tellement toutes les pièces de leur armure, que la lance, l'épée, ni le poignard, ne pussent pénétrer jusqu'à leur corps, et de les rendre si fortes qu'elles ne pussent être percées ; aussi recommandaient-ils aux Armuriers de donner à leurs armes la meilleure trempe possible. Aujourd'hui que la mode des armures est passée, on ne fait plus que des corps de cuirasse dont on se sert dans la cavalerie française. On confond maintenant l'Armurier et l'Arquebusier, qui fabrique toutes les petites armes à feu, telles que les arquebuses, les carabines, les fusils, les mousquets, les pistolets ; il en forge les canons, en fait les platines et les monte sur des fûts de bois. Ce métier, quoique nécessaire, est bien fatal au genre humain et c'est avec beaucoup de précaution que les enfans doivent manier les armes à feu, causes toujours renaissantes de tant de malheurs.

B. Boulanger.

Lᴇ Boulanger est celui qui pétrit et fait cuire le pain. Son métier, loin d'être funeste aux hommes comme le précédent, est un des plus utiles et mérite beaucoup d'attention, d'intelligence et d'expérience, surtout dans la préparation et dans le choix du *levain;* c'est un morceau de pâte aigrie qui sert à faire fermenter la pâte. L'atelier du Boulanger est garni d'un *pétrin* ou auge de bois dans laquelle on travaille la pâte; d'une chaudière, d'un bassin pour porter l'eau chaude dans le pétrin; d'une *ratissoire* pour détacher la pâte qui est collée aux parois du pétrin; d'un *coupe-pâte* de fer large et presque carré; d'une *couche* ou table de bois, sur laquelle on cou-

2.

che la pâte qu'on a tirée du pétrin; de
sébilles ou vaisseaux de bois faits en
rond, dans lesquels on tourne le pain
avant de le mettre au four; de *pla-
teaux* de bois plus grands et plus
plats que les sébilles; de *panetons* ou
petits paniers pour mettre le pain; de
toiles pour l'envelopper; enfin de tous
les instrumens nécessaires à chauffer le
four et à en conserver la chaleur. Les
nations les plus policées ont toujours
accordé quelques priviléges aux Boulangers, en considération de ce que,
travaillant à la nourriture commune,
ils étaient assujettis nuit et jour à un
travail rude et pénible. A Rome, le
sénat fit une loi pour les empêcher de
quitter leur profession, et pour que les
enfans d'ouvriers aussi utiles de l'un
et de l'autre sexe fussent du métier
de leur père. Lorsque, dans les années
stériles, ils s'étaient distingués avec suc-

cès par leur zèle, la république **leur** faisait quelquefois l'honneur d'élever de temps en temps les principaux d'entre eux à la dignité de sénateur. Les Grecs considèrent encore plus les Boulangers que ne firent les Romains. En France la charge de grand-panetier était fort importante. Le premier ouvrier du Boulanger se nomme ordinairement *geindre*, et *mitron* en plusieurs endroits. Il y a eu des Boulangers dès le commencement de la monarchie; on les appelait *pestors*, d'un mot latin.

C. Chapelier.

LES ouvriers qui font les chapeaux, ainsi que ceux qui les vendent, s'appellent Chapeliers. Pour faire les chapeaux on se sert de poil de castor, de lièvre, de lapin, etc., et de la laine

commune. Le castor vient du Canada
en peaux. La laine la plus longue étant
la moins estimée pour la fabrique des
chapeaux, on y emploie par préférence
la plus courte, comme celle des agneaux
et des jeunes moutons. Pour fabriquer
un chapeau on bat la laine et le poil
réunis et cardés, qu'on nomme l'*étoffe*,
avec un instrument semblable à un
long archet de violon, qui a une corde
de boyau bien bandée et agitée avec
la main par le moyen d'un petit morceau de bois nommé la *coche*, qui fait
voler l'étoffe sur la claie. Cet instrument, appelé l'*arçon*, forme les *capa-
des*, qui sont une certaine étendue de
laine ou de poil; on les couvre de la
feutrière ou toile mouillée, on les
étoupe ou regarnit les endroits faibles,
afin de leur donner une égale force
partout. Quand le *feutre* est achevé,
on le met à la *foule*. L'atelier de la

foule est composé d'une chaudière,
d'un fourneau au-dessous et de plusieurs *fouloires* en pentes autour de
la chaudière, qui sont des espèces d'é-
taux à bouchers, sur lesquels les ouvriers foulent les chapeaux; pour cela,
on les trempe et on les fait bouillir
dans l'eau de la chaudière où se trouve
délayée de la lie de vin en masse; on
les foule avec un *roulet*. Au sortir de
la foulerie, le Chapelier *dresse le feutre*, c'est-à-dire qu'il l'enfonce et qu'il
lui donne la figure de chapeau en le
mettant sur une forme de bois pour en
faire la tête. Dressé et mis hors de la
forme, le chapeau est séché à l'étuve
puis *poncé* avec la pierre ponce, ou
robé avec la peau de chien marin; on
l'envoie ensuite à la teinture, qui est
composée de bois d'Inde, de noix de
galle, avec un peu de gomme, de cou-
perose et de vert-de-gris. On le lave, on

le brosse, on le fait sécher et on lui donne l'*apprêt* ou le lustre avec la colle, après quoi on l'*abat sur le bassin*, et l'on en aplatit les bords avec le carrelet; et on l'arrondit avec des ciseaux. Il fallait jadis, pour être reçu maître, avoir fait cinq ans d'apprentissage, quatre de compagnonage et chef-d'œuvre. On pense que les chapeaux ne sont en usage que depuis le quinzième siècle; celui que portait Charles VII à son entrée à Rouen, en 1449, est un des premiers dont l'histoire fasse mention.

D. Distillateur.

La distillation est une opération par le moyen de laquelle on sépare, à l'aide du feu, les substances volatiles d'avec les fixes, ou une évaporation qu'on fait dans les vaisseaux clos, afin de recueillir et conserver à part les substances que le feu fait évaporer. Le Distillateur se sert de *cornues*, d'*alambic*, de *réfrigérant* et d'autres ustensiles communs aux chimistes. Il retire, en les distillant avec de l'eau, des plantes aromatiques, une *huile essentielle*, ainsi nommée, parce qu'elle est chargée de presque toute la partie odorante de la plante. On distille également ces huiles avec des liqueurs spiritueuses, telles que le vin, l'eau-de-vie, l'esprit et le vinaigre; mais cette distillation se fait au bain-marie. C'est au Distillateur que nous devons les eaux de Mélisse, de Lavande, de Cologne, et autres parfums d'un usage journalier pour la toilette. On lui est aussi redevable des ratafias et des sirops de toute espèce, qui sont distillés avec de l'eau-de-vie, et qui nous rendent l'odeur agréable des fleurs et le goût délicieux des fruits ; ces liqueurs ou sirops, faits avec du sucre, offrent à notre palais un attrait bien séduisant; il faut se méfier, néanmoins, de leurs douceurs, et n'en user qu'avec modération ; car l'excès en est presque toujours très-funeste à la santé.

E.   Ébéniste.

L'Ébéniste est l'ouvrier qui fait des ouvrages de rapport, de marqueterie et de placage avec les bois de couleur, l'écaille, la nacre et autres matières.

Les outils des Ébénistes sont à peu près les mêmes que ceux des menuisiers, qui aujourd'hui sont presque tous Ébénistes. Leur nom vient de ce qu'autrefois le bois d'ébène était celui

qu'ils employaient communément, et
dont ils faisaient leurs plus beaux ouvrages. Les ouvrages les plus ordinaires
que font les Ébénistes sont des bureaux,
des commodes, des secrétaires, des
cabinets, des tables et autres meubles
semblables. L'acajou, le mérisier, l'or-
meau, sont les bois les plus en vogue;
on leur donne mille formes élégantes,
et on les enrichit de bronzes dorés. On
ne peut qu'admirer la grande industrie
qu'ils emploient dans leurs travaux :
ils transforment le bois de poirier en
bois d'ébène d'un noir de jais avec
une décoction chaude d'encre et de noix
de galle, imitent l'acajou avec le ceri-
sier et du rocou, et donnent ensuite
le poli au bois avec de la cire chaude.
Cet art, qui ne contribue pas moins à
la santé qu'à la commodité et à la dé-
coration des appartemens, avec le secours de la hache, de la scie et du rabot,

creuse le bois, l'arrondit, le polit, le façonne comme une cire molle pour en faire des armoires, des parquets, des lambris et tout ce qui met à couvert ce que nous voulons conserver, et rend nos logemens plus sains et plus beaux que s'ils étaient de matières plus précieuses.

F. Forgeron.

CE nom se donne communément à tous les ouvriers qui travaillent le fer à la forge et au marteau, tels que les serruriers, taillandiers, couteliers. Leur atelier est toujours pourvu d'une forge avec son soufflet, d'une enclume sur laquelle le Forgeron frappe le fer, qu'il fait rougir dans un feu de charbon; il le façonne avec son marteau de cent manières différentes, depuis les plus

Gantier

Horloger

Imprimeur

Jardinier

Luthier.

grosses pièces, telles que les essieux
de voitures, les socs de charrue, jusqu'aux clefs, aux clous, aux crampons
et autres menus produits de son art.
La poussière du charbon et la fumée,
jointes à la vue continuelle de la flam-
me, donnent à leur figure, ainsi qu'à
celle des ouvriers des forges de fer,
une couleur noire qui effraie les enfans;
mais ils n'en sont pas moins estimables
pour cela, et sont tous, pour la plu-
part, très-robustes et laborieux.

_____

G. Gantier.

C'est l'ouvrier et le marchand qui
fait et vend toutes sortes d'ouvrages
de ganterie, comme gants, mitaines
culottes de peau, bourses, ceintures et
bretelles. Cette profession exige beaucoup de propreté et peu d'outils; les

principaux dont elle se sert sont les ciseaux de tailleur ou *forces*, le couteau à *doler* et le *tournegant*. Le Gantier achète les peaux préparées, dont il fait un bon choix; il commence par faire *parer* ces peaux, les rend ensuite d'égale épaisseur; ce qu'on appelle *effleurer à la main;* les brosse, les éponge sur *la fleur* avec de l'eau fraîche, les met *en pompe*, c'est-à-dire en paquet; enfin les découpe, et les fait coudre soit avec de la soie, soit avec du fil. La peau du chamois, de la chèvre, du mouton, de l'agneau, du daim, du cerf, de l'élan, sert à cette fabrication. Pour les gants de couleur, le Gantier sait faire lui-même la teinture qui convient à la demande de ses acheteurs; cet ouvrier ne perd rien des peaux qu'il achète aux mégissiers, parce qu'il en vend les *enlevures* ou *retailles*, pour faire ce qu'on appelle *colle de gant*.

H. Horloger.

L'Horlogerie est l'art de construire des machines qui, par le moyen d'un rouage, mesurent le temps en le partageant en parties égales, et en marquant ce partage par des signes intelligibles.

Le détail de la main d'œuvre de l'Horloger est si étendu qu'il suffirait pour former un volume. Cet ouvrier fabrique des pendules à *poids* et d'autres à ressort. Il y a aussi des pendules à répétition et à réveil : les premières battent l'heure et les quarts, moyennant un cordon qu'on tire ; et les autres, à l'heure qu'on choisit, font un bruit assez grand pour réveiller celui qui est à portée de l'entendre.

On appelle *Horlogers en petit* ceux qui ne font que des montres à gousset ;

mais il y a de ces montres de bien des espèces différentes : les montres simples, les montres à *secondes*, les montres à répétition, les montres à réveil, etc. Cette admirable invention a remplacé avantageusement tout ce dont se servaient les anciens pour mesurer le temps. Toute leur connaissance était bornée aux cadrans solaires, qui ne pouvaient leur être d'aucune utilité plus de la moitié de l'année, aux *clepsidres* ou horloges d'eau et aux sabliers. Quelques auteurs attribuent l'invention des horloges à Gerbert, né en Auvergne, religieux d'Aurillac, qui fut depuis Pape sous le nom de Sylvestre II.

I. Imprimeur.

L'Art ingénieux de l'Imprimerie qui fixe la parole et la pensée, et qui, su-

périeur même à l'art d'écrire, multiplie les copies avec une rapidité aussi
surprenante que la ressemblance par-
faite qu'il leur donne à toutes, était
inconnu aux anciens, à qui nous devons
tant de secrets et d'inventions utiles.

L'Imprimerie assure une existence
aussi permanente que celle du monde
aux sciences et aux arts; grâce à son
heureuse découverte, nous sommes à
l'abri des funestes résultats du feu de la
guerre qui consuma, dans Alexandrie
et Constantinople, tant de richesses de
l'esprit humain et tant d'inventions
curieuses. On reporte à l'année 1440
l'invention de l'Imprimerie. De tous les
arts c'est celui dont l'Église et la république des lettres ont retiré et retirent encore plus de secours. Par son moyen,
l'Église est plus en état de répandre et
de multiplier ses instructions, en mettant entre les mains des peuples les

ouvrages qui établissent sa foi et sa
doctrine. Gloire soit donc aux Typo-
graphes, qui consacrent leurs précieuses
veilles à ce noble métier, et qui sont les
utiles intermédiaires entre les inven-
teurs et les auteurs, et ceux qui doivent
profiter des découvertes et des chefs-
d'œuvres des sciences et des lettres. Honneur éternel à Jean Guttemberg, dont
l'admirable invention a voué à l'immor-
talité les ouvrages des savans de toutes
la nations.

Le mécanisme de l'art Typographique se réduit à deux opérations dis-
tinctes qui exigent deux sortes d'ouvriers. Les premiers se nomment
Compositeurs ou ouvriers à la *casse*,
les seconds *Imprimeurs* ou ouvriers à
la *presse*. La direction des travaux est
confiée au *Prote*. Nous ne parlerons
que superficiellement de la casse et des
casseaux, où sont placés les caractères,

ainsi que des noms de ceux-ci, du *com-posteur*, lame de fer à coulisse sur laquelle on assemble les lettres, de ce qu'on appelle vulgairement *planche* et en terme de l'art *forme;* nous nous bornerons à décrire en abrégé la *presse* qui est la partie la plus essentielle et où tendent toutes les autres. Le corps de la presse est composé de deux *som-miers* et de deux *jumelles.* C'est entre les deux sommiers, supportés par les jumelles, que se fait l'effort de la pres-sion, au moyen de la *vis,* qui tend à soulever le sommier d'un côté, et de l'autre à fouler sur le sommier d'en bas et sur le *train* qui se trouve entre la vis et lui. Les ouvriers seuls peuvent prendre du plaisir à entendre nommer tout ce qui sert à l'Imprimerie; aussi ferons-nous grâce de la *tablette,* du *coffre,* des *tympans,* de la *frisquette,* etc., dans l'espérance que ceux qui, en apprenant à lire, y prendront sans aucun doute le plaisir le plus vif, voudront plus tard examiner avec détail ce qui cause leurs plus douces jouissances ; et se transporteront dans une Imprimerie, où le chef s'empressera de contenter leur curiosité, et leur montrera les lettres de métal, les chassis de fer, la manière de mouiller le papier, de placer l'encre, enfin tout ce qui constitue l'art Typographique.

J. Jardinier.

Le Jardinier est proprement celui qui cultive les plantes qu'il a réunies dans un jardin ou un enclos : il porte ses soins aux arbres, aux fleurs, aux plantes potagères; voilà l'ouvrage du Jardinier qui entretient les jardins de campagne et ceux des particuliers. C'est

lui qui alimente les marchés des villes,
de fleurs, de légumes et de fruits; c'est
lui qui forme les bosquets, les ber-
reaux, qui ceintre les branches encore
jeunes, qui taille les charmilles au crois-
sant, afin qu'elles ne présentent à l'œil
que des murs de verdure et de super-
bes portiques. Il choisit pour ses espa-
liers un mur bien exposé, bien crépi,
entretient la régularité de ses plate-
bandes et de ses parterres, pour réunir
toutes les fleurs sous un même point
de vue. Mais, avant de faire jouir nos
sens de l'odeur de ses fleurs si par-
fumées et du goût de ses fruits si appé-
tissans, que de soins, que de peines
n'a pas ce modeste et laborieux artiste
pour disposer la terre, la couvrir d'en-
grais, tailler les arbres, les écheniller,
pour répandre une eau salutaire sur
tous ses trésors pendans l'été! Et l'hiver,
que de précautions à prendre contre

les froids et la gelée! que de fléaux n'a-
t-il pas à combattre! et même, au moment de la récolte, n'a-t-il pas à redou-
ter de se voir tout enlever par la grêle.
L'art du Jardinier, à la culture duquel
plusieurs héros ne dédaignèrent pas d'em-
ployer leurs mains victorieuses, est un
art fort estimable, et ceux qui l'exercent
méritent toute notre reconnaissance.

L. Luthier.

C'est l'artiste qui fait tous les instrumens de musique, et principale-
ment des violons, basses, contre-bas-
ses, le luth, d'où vient son nom, la
harpe, la guittarre, la mandoline, la
vielle, etc. : il fait aussi et vend communément les flûtes, clarinettes, bassons
et autres instrumens à vent; il vend
aussi les orgues, clavecins, pianos, les

Maçon.

Notaire.

Oiseleur.

Pêcheur.

Quincailler

Relieur.

accorde et les raccommode : les amateurs de musique trouvent chez lui tout ce qui leur est nécessaire; les cordes pour divers instrumens et les différentes pièces des autres. Le Luthier sait ordinairement lui-même assez de musique pour faire les honneurs de son magasin, qui est en quelque sorte le temple d'Apollon, puisqu'on y entend sans cesse les accords harmonieux des maîtres qui viennent y essayer ce qu'ils achètent pour leurs élèves, et les petits concerts des orgues portatifs, par lesquels le marchand charme l'oreille des particuliers qui veulent lui faire des emplettes.

M. Maçon.

LE Maçon est celui qui travaille en maçonnerie. Ce nom se donne égale-

ment à l'entrepreneur qui fait les marchés des ouvrages de maçonnerie dans
un bâtiment, pour les faire exécuter
sous ses yeux, et à l'ouvrier qui les
construit. Le premier se nomme *maître
Maçon*, le second s'appelle simplement
Maçon, et n'est qu'un manouvrier ou
compagnon qui travaille quelquefois à
la tâche ou à la *toise*, et le plus souvent
à la journée. Les uns travaillent au
plâtre, et d'autres emploient le mor-
tier et la terre; ils font des maçonne-
ries en liaison, en brique, en moellon;
ils construisent les murs et murailles,
les crépissent et les enduisent, les
tuyaux de cheminées et de lieux d'aisan-
ce; ils font les cloisons, les lambris et les
corniches. Il faut qu'ils sachent gâcher le
plâtre suivant l'usage auquel on le destine, éteindre la chaux à propos, choi-
sir un bon sable, et les bien incorporer
ensemble. Il y a bien des précautions

à prendre pour donner de la solidité aux échafaudages sur lesquels travaillent les Maçons à une hauteur souvent effrayante. Les outils les plus en usage dans leur profession sont la truelle, l'équerre, le compas et le marteau.

N. Notaire.

LES Notaires sont les fonctionnaires publics établis pour recevoir tous les actes et contrats auxquels les parties doivent ou veulent faire donner le caractère d'authenticité attaché aux actes de l'autorité publique.

Le Notaire donne une date certaine aux actes entre particuliers, et supplée au défaut de signature des personnes qui ne savent pas écrire. C'est devant lui que se font toutes les transactions, les ventes de propriété, les contrats de

3

mariage, les prêts d'argent, etc. Il est
chargé de recevoir de tous les citoyens
leurs dernières volontés, qu'il rédige
en testament. Son étude est le dépôt
de tous les actes privés, et lui-même
est le dépositaire de la confiance et de
la fortune des familles. Le Notaire
remplit toujours cette importante fonc-
tion avec le sentiment de sa dignité,
et se voit environné, dans la société
d'une considération proportionnée au
rang très-distingué qu'il occupe.

O. Oiseleur.

L'OISELEUR, qu'on nomme aussi
Oiselier, est celui qu va chasser, et
tendre aux menus oiseaux des piéges
ou des filets. Il les élève et en fait commerce; il vend aussi les trébuchets pour
les prendre, les divers instrumens qui

servent à cette chasse, les cages, les
volières pour les renfermer. On ne
chasse et prend à la glu et à la *pipée*
que les oiseaux qu'on nomme de *chant*
et de *plaisir*, comme les linottes, char-
donnerets, pinsons, serins, fauvettes,
rossignols, cailles, alouettes, merles,
sansonnets, etc. Il n'est pas permis de
es chasser depuis la mi-mai jusqu'à la
mi-août, parce que c'est la saison où
ils font leurs nids et leurs pontes. Les
Oiseleurs vendent aussi des tourterelles,
des pigeons, des perroquets, et même
des écureuils et tous les petits animaux
qu'on a chez soi par amusement. La
pipée se fait dans un bois taillis : on
dispose sur les arbres les *gluaux*, qui
sont des brins de bois souples, enduits
de *glu* ; on imite le cri d'un petit oiseau
qui appelle les autres à son secours : les
oiseaux accourent et se trouvent pris.
Les alouettes, oiseaux fort délicats, se

3

prennent aux filets, et souvent on place au milieu un miroir qu'avec une ficelle on fait tourner comme un moulinet lorsque le soleil donne dessus; son éclat attire les alouettes , dont les pattes s'accrochent dans les filets.

P.   Pêcheur.

Le Pêcheur est celui qui fait son métier de la pêche. Il fait lui-même ses filets, tels que les *seines*, les *tramails*, les *nasses*, les *éperviers*, etc., dont il fait usage suivant les espèces de poissons et la nature du terrain où il pêche.

La pêche du poisson de mer est un objet de commerce des plus importans: la plus difficile et la plus périlleuse est sans contredit, celle de la *baleine*. La pêche du poisson d'eau douce est plus facile et plus agréable : outre celle qu'on fait à la *ligne*, qui est un long fil de crin attaché à une légère perche, au bout duquel pend un hameçon qui porte quelque insecte servant d'appât, on pêche encore dans les ruisseaux les écrevisses, qui flattent sur nos tables le goût des amateurs. Enfin la pêche, qui est un métier pour les uns, est un délassement pour les autres ; mais, comme on doit nécessairement fréquenter le bord des rivières, il faut beaucoup d'attention pour que cet amusement ne devienne pas fâcheux, par les nombreux accidens qu'il occasionne.

Q. Quincaillier.

Le mot *quincaillerie* ou *quincaille*, que l'on écrit et que l'on prononce quelquefois, quoique improprement *clincaille*, est une dénomination générale sous laquelle les négocians renferment une infinité d'espèces différentes de marchandises d'acier, de fer et de cuivre ouvré, qui font partie de la mercerie. Les principales de ces marchandises sont des ouvrages de coutellerie, les instrumens de jardinage, les outils de divers métiers, charpentiers, menuisiers, maçons, etc., les produits de l'art du taillandier, du serrurier, ce qui doit servir aux selliers, cordonniers; il vend, pour tous les commerces, des poids, des balances, et jusqu'à des armes de toutes sortes. Son magasin est comme une exposition du travail de beaucoup d'ouvriers, et, par cela même, il fournit aux besoins journaliers de presque tous les états.

R. Relieur.

C'est celui qui relie les livres, c'est-à-dire qui les fortifie d'une couverture de carton, à laquelle on ajoute soit du papier de couleur, du cuir ou du maroquin, soit des étoffes de soie et toute autre matière précieuse, suivant le luxe qu'on veut y mettre, afin de les conserver plus long-temps, et de les réduire en un volume moins grand. Pour y parvenir, les femmes les plient, les cousent, puis le Relieur les rogne, en les serrant entre les ais d'une presse; il attache ensuite les cartons par le moyen des *nerfs* ou bouts de corde, laissés exprès par la couseuse; puis il peint ou dore la tranche. Le livre est alors en état de recevoir la couverture qu'on lui destine, soit en veau, soit en vélin, soit en maroquin. Pour dernière façon, le Relieur met au dos le titre et numéro, et avec des outils nommés *petits fers*, grave en relief les fleurons, les filets et autres ornemens, dont l'empreinte se fait en les appuyant à plat sur une feuille d'or.

S. Sculpteur.

La Sculpture est un art qui, par le moyen du dessin et de la matière solide, imite les objets palpables de la nature. Les Sculpteurs ont commencé à travailler sur la terre et la cire, ensuite avec les arbres qui ne sont pas sujets à se corrompre ni à être endommagés des vers, comme le citronier, le cyprès, le palmier, l'olivier, l'ébène, etc.; enfin les métaux, l'ivoire et les pierres les plus dures furent employés; le mar-

S

Sculpteur

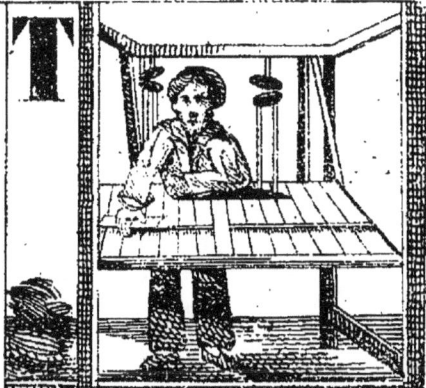

T

Tisserand

U

Usurier.

V

Verrier.

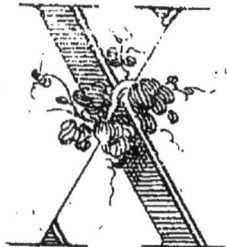

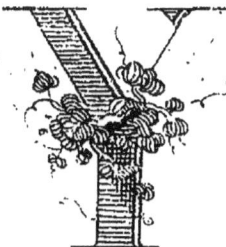

bre surtout devint la matière la plus précieuse et la plus estimée pour les ouvrages de sculpture. Les ciseaux de fer ébauchent l'ouvrage, la *gouge* aide à caver ou arrondir, suivant le besoin ; le maillet sert aux mêmes fonctions, comme la paume de la main, pour le finir. C'est cet art qui a de toute antiquité rendu sensibles aux yeux des mortels les traits des dieux du paganisme, qui, de nos jours, décore nos temples des images des saints Martyrs de la foi, et nos monumens publics des statues des héros, la gloire de leur pays. C'est à cet art divin que les innombrables et fidèles sujets du Monarque qui nous gouverne, doivent le bonheur de contempler des traits chéris qu'il n'est pas permis à tous de voir en réalité.

T. Tisserand.

Le Tisserand est un artiste dont la profession est de faire de la toile sur le métier avec la navette. En quelques lieux on le nomme *Toilier* ou *Tissier*. On ne sait à qui l'on est redevable de l'invention de la toile; les uns ont prétendu que l'idée en est venue par l'observation du travail de l'araignée; les autres par l'inspection de l'écorce intérieure de certains arbres. Quoi qu'il en soit de son origine, il est sûr qu'elle était en usage avant Abraham. Le métier du Tisserand est soutenu sur quatre piliers; il est composé de trois *ensubles* ou gros et longs cylindres de bois. Le premier, le plus éloigné de l'ouvrier, porte le fil de chaîne; le second reçoit la toile à mesure que l'ou-

vrage avance, et le troisième sert de
décharge au second. Les uns et les autres ont leur cran et leurs tourillons
pour les monter, les lâcher et les ar-
rêter. Il y a encore les *chapelles*, la
chasse et le *porte-lame*, les *lames*
ou petites cordelettes au travers des-
quelles sont passés les fils de la chaîne;
elles servent, par le moyen des marches
qui sont en bas, à faire hausser et bais-
ser les fils de la chaîne alternativement :
on lance entre les fils de la navette qui
porte successivement le fil de la *trame*
d'une lisière à l'autre. C'est au Tisserand
que nous devons toutes les espèces de
toile, soit pour linge de corps, soit
pour nappes, serviettes, mouchoirs,
dont l'emploi se renouvelle sans cesse.

U. Usurier.

Nous ne faisons mention ici de cet infâme métier que pour le vouer à l'exécration de tous les hommes, le maudire comme le fléau et la peste de la société. Ceux qui l'exercent sont ordinairement avares et cupides, et mettent tout leur bonheur dans la contemplation de cet or, qu'ils ont accumulé par tant de honteux moyens. L'Usurier ne doit avoir ni âme ni entrailles ; il ne livre une petite somme qu'avec la certitude qu'elle lui rentrera au double ou au triple. Il sait profiter avec adresse du besoin pressant d'un négociant gêné, d'un joueur à qui la fortune a été contraire, d'un mineur ou d'un fils de famille trop empressé à se jeter dans la dissipation.

V. Verrier.

Le Verrier est celui qui fabrique le verre et qui s'occupe à en faire diffé-rens ustensiles, ou le marchand qui en fait commerce. Les matières qui en-trent dans la composition du verre, sont, les unes, salines, et par consé-quent fusibles, et les autres, terreuses. Le verre commun se fait avec de la soude non lessivée, du sable et de la charrée. L'atelier d'un Verrier est composé de hangars et de fourneaux. Lorsque les matières qui doivent former le verre ont été calcinées pendant vingt-quatre heures dans deux fours à cet usage, on les introduit dans des creu-sets. Alors on fait un grand feu dans le four, et on le continue pendant douze ou quinze heures, jusqu'à ce que le verre soit bien formé et bien fondu. Il est alors en état d'être employé à faire des bouteilles. L'ouvrier plonge dans le creuset une *felle*; c'est un tube de

fer d'environ cinq pieds de long : il en
tire une petite masse de verre qu'il
laisse refroidir un peu , il la replonge
dans le creuset, où il s'attache une nou-
velle quantité de verre au bout de la
felle , et replonge de nouveau jusqu'à
ce qu'il y en ait assez pour faire une
bouteille ; il la tourne sur une plaque
de fer , élevée au-dessus d'un baquet
d'eau ; quand le verre est bien arrangé,
on achève la bouteille en faisant aller la
felle comme un encensoir , pour allon-
ger la masse du verre , et la plongeant
dans un moule de fer , où on la tourne
en soufflant dans la *felle.* La bouteille
prend alors la figure de ce moule , et le
cul se trouve formé comme un œuf,
qu'on fait rentrer dans l'intérieur , en
appuyant dessus un instrument de fer.
Le cou de la bouteille se fait avec une
verge de fer trempée dans le verre en
fusion, qu'on fait tourner circulaire-
ment et qui y soude un anneau. Le
verre à vitres se fait par un autre pro-
cédé , où l'on emploie des matières plus
pures que dans celui à bouteilles.

CHIFFRES.

DENOMINATIONS.	ARABES.	ROMAINS.
Un.	1	I.
Deux.	2	II.
Trois.	3	III.
Quatre.	4	IV.
Cinq.	5	V.
Six.	6	VI.
Sept.	7	VII.
Huit.	8	VIII
Neuf.	9	IX.
Dix.	10	X.
Onze.	11	XI.
Douze.	12	XII.
Treize.	13	XIII.
Quatorze.	14	XIV.
Quinze.	15	XV.
Seize.	16	XVI.
Dix-sept.	17	XVII.
Dix-huit.	18	XVIII.
Dix-neuf.	19	XIX.
Vingt.	20	XX.
Trente.	30	XXX.

Quarante.	40	XXXX ou XL.
Cinquante.	50	L.
Soixante.	60	LX.
Soixante-dix.	70	LXX.
Quatre-vingt.	80	LXXX.
Quatre-vingt-dix.	90	XC.
Cent.	100	C.
Deux cents.	200	CC.
Trois cents.	300	CCC.
Quatre cents.	400	CCCC ou CD.
Cinq cents.	500	D.
Six cents.	600	DC.
Sept cents.	700	DCC.
Huit cents.	800	DCCC.
Neuf cents.	900	DCCCC ou DCD.
Mille.	1000	M.

Ces caractères s'appellent des chiffres; ils servent à compter.

Pour exprimer des nombres plus considérables sans avoir recours à d'autres caractères, on est convenu que de dix unités on n'en ferait qu'une, à laquelle on donnerait le nom de *dizaine*, et que l'on compterait par dizaines comme on compte par unité, c'est-à-dire que l'on dirait deux dizaines, trois dizaines, etc., jusqu'à neuf dizaines ; que, pour représenter ces nouvelles unités, on emploierait les mêmes chiffres que pour les unités simples, et qu'on les distinguerait de celles-ci en les plaçant à leur gauche.

Ainsi, pour représenter *trente-quatre*, qui renferme trois dizaines et quatre unités, on est convenu d'écrire 34 ; pour représenter *soixante*, qui contient un nombre exact de six dizaines, sans aucune unité, on écrit 60. Zéro marque à la fois qu'il n'y a point d'unités simples, et que le nombre six exprime des dizaines.

Pour faire des comptes plus étendus, on forme de dix dizaines une seule unité, qui a le nom de *centaine*, parce que dix fois dix font cent, et on place les chiffres qui appartiennent à ces centaines à la gauche des dizaines.

Il en est de même des *mille*, que l'on forme de dix centaines, et ainsi de suite, pour tous les nombres que l'on peut imaginer.

TRAITÉ D'ARITHMÉTIQUE.

Les principales règles du calcul sont·
l'*Addition*, la *Soustraction*, la *Multiplication* et la *Division*.

L'ADDITION.

Fanfan, supposons que tu tires quelques cerises d'une corbeille; pour savoir
combien tu en auras pris tu diras,

par exemple : . . . . . 4 cerises,
plus 2 cerises,
plus 3 cerises,

font 9 cerises,

Le nombre 9 est le total que tu cher-
chais.

Ainsi l'*Addition* consiste à ajouter plusieurs nombres les uns aux autres pour
en connaître la somme totale.

LA SOUSTRACTION.

Supposons que tu n'aies pris que 7 cerises, et que tu en remettes 4, combien t'en restera-t-il ?

de 7 cerises,
ôte 4 cerises,
_____
reste 3 cerises.

Ainsi, par la *Soustraction*, on ôte un moindre nombre d'un plus grand pour savoir ce qu'il en reste.

LA MULTIPLICATION.

Si je te donne 15 cerises par jour, combien en mangeras-tu en 4 jours ?

Multiplie. 15
par. 4
_____

c'est-à-dire compte 4 fois 15,

tu trouveras. . . . . 60 cerises.

La *Multiplication* consiste donc à multiplier deux nombres l'un par l'autre, pour trouver un troisième nombre qui contienne le premier autant de fois qu'il y a d'unités dans le second.

LA DIVISION.

Si, par hasard, il ne s'était trouvé dans la corbeille que 3o cerises, et qu'il t'eût fallu les partager entre six personnes, combien chaque personne en aurait-elle eu ?

$$3o \begin{cases} \text{divisés par 6,} \\ \overline{} \\ \text{donnent 5.} \end{cases}$$

Chaque personne aurait donc eu 5 cerises.

L'usage de la *Division* est, comme tu vois, de partager un nombre en autant de parties qu'il y a d'unités dans celui par lequel on le divise.

TABLEAU

DE MULTIPLICATION.

2	fois	2	font	4
2	fois	3	font	6
2	fois	4	font	8
2	fois	5	font	10
2	fois	6	font	12

(69)

2	fois	7	font	14
2	fois	8	font	16
2	fois	9	font	18
2	fois	10	font	20
2	fois	11	font	22
2	fois	12	font	24
3	fois	3	font	9
3	fois	4	font	12
3	fois	5	font	15
3	fois	6	font	18
3	fois	7	font	21
3	fois	8	font	24
3	fois	9	font	27
3	fois	10	font	30
3	fois	11	font	33
3	fois	12	font	36
4	fois	4	font	16
4	fois	5	font	20
4	fois	6	font	24
4	fois	7	font	28
4	fois	8	font	32
4	fois	9	font	36
4	fois	10	font	40
4	fois	11	font	44

4	fois	12	font	48
5	fois	5	font	25
5	fois	6	font	30
5	fois	7	font	35
5	fois	8	font	40
5	fois	9	font	45
5	fois	10	font	50
5	fois	11	font	55
5	fois	12	font	60
6	fois	6	font	36
6	fois	7	font	42
6	fois	8	font	48
6	fois	9	font	54
6	fois	10	font	60
6	fois	11	font	66
6	fois	12	font	72
7	fois	7	font	49
7	fois	8	font	56
7	fois	9	font	63
7	fois	10	font	70
7	fois	11	font	77
7	fois	12	font	84
8	fois	8	font	64
8	fois	9	font	72

8	fois	10	font	80
8	fois	11	font	88
8	fois	12	font	96
9	fois	9	font	81
9	fois	10	font	90
9	fois	11	font	99
9	fois	12	font	108
10	fois	10	font	100

COMPLIMENS.

UN ENFANT A SON PAPA,
POUR LE JOUR DE SA FÊTE.

En te présentant cette fleur,
Ton enfant t'offre peu de chose ;
Mais il te donne aussi son cœur :
Un bon cœur vaut mieux qu'une rose.

A SA MAMAN,
POUR LE JOUR DE SA FÊTE.

Chants de reconnaissance et d'amour,
A ma mère je vous adresse :
A ma mère, dont en ce jour
J'honore la vive tendresse.
Bonne maman, reçois ces fleurs
Que t'offre la main de l'enfance ;
C'est le seul encens qu'aux bons cœurs
Présente la douce innocence.

AUX MÊMES,

POUR LE JOUR DE LEUR FÊTE.

Ce n'est point en offrant des fleurs
Que je veux peindre ma tendresse :
De leur parfum, de leurs couleurs,
En peu d'instans le charme cesse.
La rose naît en un moment,
En un moment elle est flétrie ;
Mais ce que pour vous mon cœur sent
Ne finira qu'avec ma vie.

A PAPA,

POUR LE PREMIER JOUR DE L'AN.

Si le ciel exauce mes vœux,
Il prolongera tes journées ;
Car lorsque l'on fait des heureux,
On ne vit jamais trop d'années.

A MAMAN,

POUR LE PREMIER JOUR DE L'AN.

Santé, contentement, plaisirs,
Sont les souhaits de mon enfance :
Le ciel exauce les désirs
Qui sont formés par l'innocence.

FIN.

LIMOGES. — IMPRIMERIE DE BARBOU.

www.ingramcontent.com/pod-product-compliance
Lightning Source LLC
Chambersburg PA
CBHW070903280326
41934CB00008B/1567